Investindo 2021-2022

Um Guia para Principiantes no Mercado Financeiro
(Ações, Títulos, ETFs, Fundos de Índice e REITs - com
101 Dicas e Estratégias de Negociação)

Livro Financeiro Pessoal Moderno

Opção-Forex Publishing & Russell Future

1

Introdução

Você quer aprender a investir?

Investir pode ser uma tarefa assustadora. Não é fácil saber por onde começar, o que você deve fazer a seguir, ou quanto tempo e dinheiro você precisa investir.

Investir nos mercados financeiros pode ser uma tarefa assustadora para qualquer um. Mas não tem que ser! Este guia lhe ensinará tudo o que você precisa saber sobre ações, títulos, ETFs, fundos de índice e REITs. Ele também inclui 101 dicas e estratégias de negociação que ajudarão a tornar sua experiência de investimento mais bem-sucedida.

Aprenda sobre as bases do investimento neste livro para que quando chegar a hora de tomar decisões sobre seus próprios investimentos, você tenha uma idéia do que está acontecendo nos bastidores.

Com este guia ao seu lado, você sempre saberá o que está acontecendo com o mercado e como melhor aproveitar as oportunidades conforme elas surgem.

Quer se trate de poupança-reforma ou apenas algum dinheiro extra em caixa - mostraremos a você como começar a investir hoje! E se houver alguma pergunta pelo caminho?

Tabela de Conteúdos

Isenção de responsabilidade

O autor e a editora deste livro não são consultores profissionais. Você continua sendo o único responsável por qualquer dano sofrido ao seguir os conselhos ou as informações contidas neste site. As informações contidas neste livro incluem a opinião pessoal do autor; não são conselhos de investimento e têm o único propósito de ser informativas e educacionais. Favor observar: Investir envolve riscos, você pode perder seu depósito (parcialmente).

Boletim informativo

Quer fazer mais com seu dinheiro?

O boletim eletrônico Investing 2021-2022 é um boletim semanal que fornece aos leitores dicas e estratégias de negociação, ações, títulos, ETFs, fundos de índice, REITs, moeda criptográfica de opções futuras e muito mais.

Estamos comprometidos em fornecer a nossos leitores as melhores, honestas e transparentes informações disponíveis para que eles possam investir com sabedoria.

Você receberá a primeira edição do boletim eletrônico Investing 2021-2022 muito em breve. É 100% gratuito, portanto não há nada que o impeça de experimentá-lo!

Você pode cancelar sua inscrição a qualquer momento se não gostar do que enviamos ou se apenas precisar de uma pausa de nossa parte. Sem perguntas!

Esperamos que depois de ler nossos e-mails você possa aproveitar as oportunidades antes que elas aconteçam e ficar por dentro de todas as últimas novidades em investimentos. Estamos aqui para ajudar a tornar sua jornada de investimento o mais fácil possível!

Inscreva-se agora mesmo. Inscreva-se para receber nosso boletim eletrônico utilizando este link!

https://campsite.bio/stellarmoonpublishing

Investindo para iniciantes

Uma forma muito popular de investir que abordamos particularmente neste livro é investir em ações ou títulos. Os **ETFs** e **fundos de índice** também são cobertos.

Começar a investir desta forma é um passo e tanto para muitas pessoas que não têm experiência com ela. Mas hoje em dia investir em ações ou títulos tornou-se de fato muito acessível e fácil. Aprender a investir não é mais tão difícil e muito mais fácil do que era há cerca de 10-20 anos.

Investir para iniciantes não é difícil hoje em dia. Investir em **ETFs** boas, baratas e amplamente diversificadas é acessível a todos. E você sabia que isto tem produzido retornos de cerca de **6-7% ao ano, em** média, **nas** últimas décadas?

Através de corretores hoje, você já pode investir em mais de 3.000 ações em todo o mundo, sem taxas de transação, investindo em uma única ETF.

O que é uma ETF?

Um ETF é um fundo de intercâmbio negociado.
Um ETF é um fundo que é negociado na bolsa
de valores.

Um ETF é um fundo mútuo que procura
alcançar exatamente o mesmo retorno e risco
que um determinado **índice da bolsa de
valores**. Exemplos de um índice da bolsa de
valores são o S&P500 e o MSCI World Index.

As ETFs investem nas mesmas ações ou
títulos que aparecem no índice. Eles fazem
isso na mesma proporção em que estão
incluídos no índice. Como um ETF tem a
mesma composição que o índice, a tendência
de valor do fundo também segue a tendência
de valor do índice.

Este método de investimento também é
conhecido como investimento passivo. Isto
ocorre porque o índice é seguido
passivamente e não há nenhuma tentativa
ativa de vencê-lo. Este último, aliás,
praticamente nenhum fundo de investimento
ativo é bem sucedido a longo prazo.

O custo de investir em uma ETF é muitas vezes relativamente baixo, especialmente em comparação com fundos mútuos administrados ativamente. Como resultado, investir em ETFs está ganhando uma popularidade tremenda.

O que é um índice da bolsa de valores?

Um índice da bolsa de valores é a média de preços dos títulos, tais como ações ou títulos, que compõem o índice da bolsa de valores. Um índice da bolsa de valores é uma medida do estado de espírito da bolsa de valores.

O que é o Índice Mundial MSCI?

O MSCI World Index são as 1650 maiores empresas por capitalização de mercado (ver abaixo) de 23 países desenvolvidos. Os mercados emergentes, incluindo, por exemplo, o gigante em crescimento China, não participam. 60% dos investimentos dentro deste índice estão em empresas americanas.

Assim, quando medido em relação ao mercado global, onde os EUA representam pouco menos de 50% da capitalização do mercado, os EUA estão bastante sobre-representados.

Como apenas as 1650 maiores empresas medidas pela capitalização de mercado são rastreadas, as pequenas empresas mal são representadas. A capitalização média de mercado do MSCI World Index é de 18,2 bilhões, sendo que a menor empresa tem uma capitalização de mercado de 435 milhões de euros.

O índice tem apenas 0,14% de exposição às menores capitalizações de mercado.

Tipos de índices do mercado de ações

Os índices podem ser compostos de diferentes maneiras. Há índices que incluem e excluem os dividendos. Além disso, o mesmo índice pode existir em diferentes moedas, tais como o dólar ou o euro. Há exatamente as mesmas ações no índice em ambos os casos. A única diferença é que o retorno é calculado em duas moedas diferentes.

Há também muitos índices para títulos, por exemplo, para títulos do governo ou de empresas ou para títulos com um determinado vencimento.

O que é capitalização de mercado?

A capitalização de mercado é o valor total das ações de uma empresa de acordo com o preço

de suas ações. A capitalização de mercado
também é chamada de capitalização de
mercado. É possível calcular a capitalização
de mercado multiplicando o número de ações
em circulação pelo preço de mercado.

Quais são os custos de uma ETF?

O custo de investir em uma ETF consiste em custos de fundos (TER, custos de transação interna), custos tributários (vazamento de dividendos) e taxas de corretagem.

Taxas do fundo ETF

Uma ETF é emitida por uma casa de fundos, como **Vanguard** ou **iShares**. A casa de fundos cobra taxas anuais. Isto é freqüentemente referido como taxa do fundo. Estas taxas de fundo consistem em alguns itens diferentes.

Taxas do fundo ETF: TER

O item mais conhecido das despesas do fundo é o TER. O que é o TER? É a abreviação de Total Expense Ratio (Relação de Despesas Totais). Isto inclui os salários do administrador do fundo, despesas de marketing, e honorários de contadores e advogados.

A conhecida **VWRL** ETF da Vanguard tem um TER de 0,22% ao ano. Portanto, para cada $100/euro investido na VWRL, você tem que remeter 22 centavos anuais para a Vanguard para disponibilizar o fundo. Você não tem que remeter esses 22 centavos para a Vanguard, você não tem que fazer nada para remetê-los. Estas taxas são automaticamente refletidas no preço da ETF.

O TER de uma ETF pode ser encontrado na folha de dados ou nas Informações Fundamentais do Investidor, que estão obrigatoriamente disponíveis para cada ETF.

Taxas do fundo ETF: taxas de transação interna

Uma ETF deve ocasionalmente comprar ou vender ações a fim de rastrear corretamente o índice que a ETF imita. Tipicamente, estes custos estão em torno de 0,03% ao ano. Estes custos normalmente não fazem parte do TER. Estes custos também são automaticamente incorporados ao preço do fundo.

Os custos internos de transação são mais difíceis de encontrar. Algumas vezes eles são mencionados em um relatório anual da ETF. A regra de 0,8% * taxa de rotatividade da carteira é freqüentemente usada para estimar os custos de transação.

Renda de empréstimos de títulos

Os ETFs freqüentemente tomam emprestados títulos subjacentes a fim de recuperar parte dos custos do fundo. Para VWRL, os retornos anuais deste empréstimo são de 0,007%. Você poderia subtrair estes retornos das despesas do fundo para calcular as despesas líquidas do fundo, mas não faz muita diferença porque os retornos são tão baixos.

Custos fiscais da ETF

As ações de que uma ETF é composta freqüentemente pagam dividendos uma ou algumas vezes por ano. Dependendo do país de residência da empresa que emitiu as ações, uma quantia de imposto sobre dividendos é retida. Parte deste custo fiscal é muitas vezes recuperável e outra parte não é.

Essa parte não recuperável também é conhecida como vazamento de dividendos. Normalmente, o vazamento de dividendos é de cerca de 0,3% ao ano para um investimento global diversificado ETF. O mesmo é verdade para a VWRL.

Você pode investir em um ETF através de um banco ou corretor. Várias plataformas permitem investir no globalmente diversificado ETF VWREL sem taxas de corretagem ou de banco.

O que é um fundo de índice?

Um fundo de índice é um fundo mútuo que procura alcançar exatamente o mesmo retorno e risco que um determinado **índice da bolsa de valores**. O fundo faz isso imitando esse índice. Os fundos de índice investem nas mesmas ações ou títulos que aparecem no índice. Eles fazem isso na mesma proporção em que estão incluídos no índice.

Como um fundo de índice tem a mesma composição que o índice, o desenvolvimento do valor do fundo também segue o desenvolvimento do valor do índice.

O que é uma ETF?

Um ETF é um Exchange Traded Fund e é um
fundo de investimento que procura alcançar
exatamente o mesmo retorno e risco que um
determinado **índice da bolsa de valores**.

Qual é a diferença entre um fundo de índice e um ETF?

Os termos ETF e fundo de índice são
freqüentemente utilizados para o mesmo tipo
de fundo. Oficialmente, existem diferenças
entre um fundo de índice e um ETF. Um fundo
de índice pode ser negociado uma vez por dia.
O preço é determinado com base no Valor
Líquido Patrimonial (NAV) no final do dia de
negociação. Um ETF pode ser negociado
durante todo o dia de negociação. O preço é
determinado com base em um preço de
compra e venda.

O que é um rastreador?

Um rastreador é um fundo mútuo que procura
alcançar exatamente o mesmo retorno e risco
que um determinado **índice da bolsa de
valores**. O termo tracker é freqüentemente
usado tanto para um fundo de índice quanto
para um ETF.

O que é um fundo mútuo administrado ativamente?

Um fundo mútuo administrado ativamente é um fundo mútuo que tenta vencer o mercado. Isto é freqüentemente feito com a ajuda de caros gerentes de fundos e equipes de pesquisa. Eles o fazem a um custo médio de cerca de 1-2% ao ano.

Está cientificamente provado que, a longo prazo, isto quase não tem sucesso, se é que tem algum sucesso. Os fundos de índice geridos passivamente rastreiam um índice a cerca de 0,05-0,4% em custo. Como resultado, eles quase sempre proporcionam um retorno líquido maior do que os fundos mútuos administrados ativamente a longo prazo.

Um fundo de índice é um fundo mútuo que, como um ETF, procura alcançar exatamente o mesmo retorno e risco que um determinado **índice da bolsa de valores**. O fundo faz isso imitando esse índice.

Alguns dos aspectos que fazem de um fundo de índice um bom fundo de índice são:

1. Baixo custo

O efeito de custos mais altos é muito subestimado por muitos.

"Apenas" 0,1% de custo adicional pode não parecer muito. Mas se você investir durante 30 anos com o retorno histórico da bolsa nas últimas décadas de 7% ao ano, esse 0,1% não resulta em 30 * 0,1% = 3% menos retorno, mas em até 21% menos retorno em relação ao seu depósito.

Isto funciona da seguinte forma: Com $100.000/euro investindo por 30 anos com um retorno na bolsa de valores de 7% ao ano, então após 30 anos o investidor tem $761.225/euro. Com taxas de 0,1%, isso significa um retorno de 6,9%.

Após 30 anos, isso é 740.169 euros. Uma diferença de retorno de mais de 21.000 euros sobre o depósito de 100.000 euros por apenas 0,1% de custos extras! Portanto, isso é um retorno muito maior, 21% a menos em vez de 3% a menos em relação ao seu depósito.

Além das taxas cobradas pelo próprio fundo de índice, as taxas de transação, as taxas de custódia e afins desempenham um grande papel.

2. Propagação global.

Algumas pessoas não querem depender do bom ou mau desempenho de uma empresa separada. Nem mesmo de um setor específico de empresas. Nem mesmo de empresas que operam em um país específico. Nem mesmo de empresas que operam em um continente específico.

A participação dos Estados Unidos no crescimento da economia mundial começa a ser assumida pelas economias asiáticas em crescimento. Prever onde o crescimento irá ocorrer ou vacilar é impossível.

Portanto, pode ser sábio investir o mais amplamente possível, diversificado globalmente em todos os setores.

3. Replicação física.

Algumas pessoas só investem em fundos de índice que realmente têm as ações e títulos subjacentes em sua carteira. Estes tipos de fundos de índice também são chamados de fundos de índice com replicação física.

Algumas pessoas não investem em fundos de índice que reproduzem as posições de ações ou títulos que deveriam estar no índice através de construções vagas, tais como derivativos. Estes são fundos de índice com replicação sintética, que beneficiam principalmente os emissores e os próprios bancos.

4. Vazamento mínimo de dividendos.

Dependendo do país de residência do fundo e dos acordos fiscais que o país em questão pode ou não ter feito com seu país de residência, você pagará mais ou menos impostos sobre seus dividendos.

Em média, você tem que lidar com cerca de 0,1-0,2% nos custos de seu capital investido em fundos de índice de ações. Isto porque você não pode recuperar parte do imposto sobre dividendos retido pelo fundo junto às autoridades fiscais. Isto é chamado de **vazamento de dividendos**.

5. Um fundo deve ser grande e eficiente

Vanguard Total International Stock ETF (VXUS) e Vanguard Total Stock Market ETF (VTI) é um fundo de ações que vale a pena considerar em sua carteira.

Ao combinar VXUS com VTI na proporção 1:1, você tem a mesma exposição ao mercado de ações global como se você tomasse a Vanguard Total World Stock ETF (VT). Mas com cerca de 0,3% a mais de retorno por ano!

Isto pode variar com um retorno médio de 7% ao invés de 6,7% por ano para custos superiores a 61.000 euros de retorno em 30 anos por 100.000 euros de ativos investidos!

Como isso pode ser?

O VT tem um custo de 0,14% ao ano e apresenta um desempenho inferior ao índice em cerca de 0,24% ao ano. O VTI tem um custo de 0,05% e supera o índice em 0,02%. VXUS tem um custo de 0,13% e supera o índice em 0,03%.

Isto porque o VT é um fundo ainda muito menor (US$ 9 bilhões em ativos sob gestão) que o VTI (US$ 460 bilhões em ativos sob gestão) e o VXUS (US$ 219 bilhões em ativos sob gestão). Isto permite que VTI e VXUS sejam muito mais eficientes em termos de custo. Assim, eles rastreiam o índice amplamente reconhecido com mais do que precisão. No jargão técnico, eles têm um baixo erro de rastreamento.

O tamanho de um fundo também determina sua liquidez, ou a que custo o fundo pode ser comprado e vendido. Uma ETF líquida geralmente tem ativos sob gestão de 1 bilhão de euros ou mais e, portanto, tem **spreads** pequenos.

6. O fundo de índice deve rastrear com precisão um índice amplamente reconhecido

O fundo de índice Think Global Equity OICVM ETF é um exemplo de um fundo de índice de ações global alternativo. Entretanto, este fundo de índice tem um alto erro de rastreamento. Além disso, ele rastreia um índice que não é amplamente reconhecido. Ele rastreia um índice criado pelo próprio emissor, ou seja, o Think Global Equity Index.

Em relação a este índice, o fundo tem um forte erro de rastreamento de cerca de 1,2% ao ano.

É, no entanto, um fundo que não sofre com o vazamento de dividendos, o que é benéfico. Os custos anuais são razoáveis a 0,2%.

Qual é a diferença entre um fundo de índice e um ETF?

Os termos ETF e fundo de índice são freqüentemente utilizados para o mesmo tipo de fundo. Oficialmente, existem diferenças entre um fundo de índice e um ETF. Um fundo de índice pode ser negociado uma vez por dia. O preço é determinado com base no valor intrínseco (também chamado de Valor Líquido Patrimonial ou NAV) no final do dia de negociação. Um ETF pode ser negociado durante todo o dia de negociação. O preço é determinado por um preço de compra e venda.

O que é um rastreador?

Um rastreador é um fundo mútuo que procura alcançar exatamente o mesmo retorno e risco que um determinado **índice da bolsa de valores**. O termo tracker é freqüentemente usado tanto para um fundo de índice quanto para um ETF.

O que é um fundo mútuo administrado ativamente?

Um fundo mútuo administrado ativamente é um fundo mútuo que tenta vencer o mercado. Isto é freqüentemente feito com a ajuda de caros gerentes de fundos e equipes de pesquisa. Eles o fazem a um custo médio de cerca de 1-2% ao ano. Isto tem sido cientificamente comprovado como tendo pouco ou nenhum sucesso a longo prazo. Fundos de índice geridos de forma passiva rastreiam um índice a cerca de 0,05-0,4% em custo. Como resultado, eles quase sempre proporcionam um retorno líquido maior do que os fundos mútuos administrados ativamente a longo prazo.

O que é spread?

O spread é a diferença entre o preço de compra e o preço de venda de uma determinada ação ou outro título. Se você quiser vender uma ação na bolsa de valores, você recebe o preço de compra da mesma. Se você quiser comprar uma ação, você paga o preço de compra. O preço de venda é um pouco mais alto do que o preço de compra. A diferença entre os dois é o spread.

Você poderia pensar no spread como parte de seus custos de transação.

Quanto mais um determinado estoque é negociado, menor é o spread.

Para a independência financeira, o **investimento a longo prazo é** uma estratégia comprovada. A longo prazo, o spread tem pouco impacto sobre o resultado do investimento. Isto porque é um custo único na compra que não se repete anualmente.

Significado do investimento

Investir é uma forma de investir na qual você compromete dinheiro por um período de tempo maior ou menor, com o objetivo de obter benefícios financeiros no futuro. Você pode pensar nisso como desistir de certas quantias de dinheiro em troca de rendimentos incertos no futuro.

O que é uma ação? e o que é um vínculo?

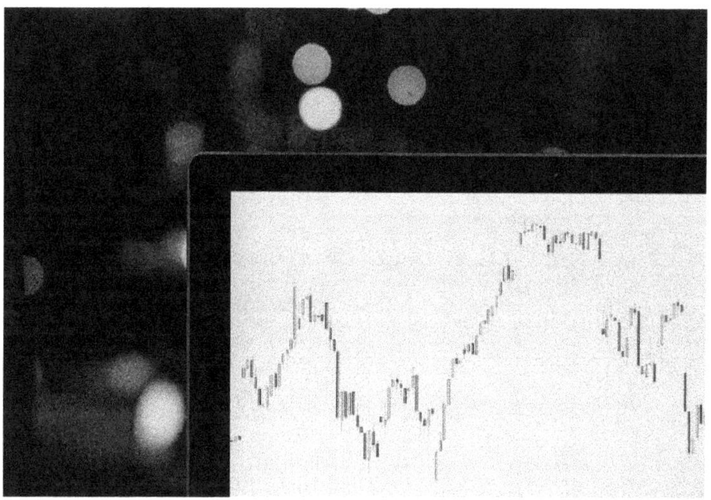

Investir em ações

Uma participação em uma empresa é uma segurança que dá alguns direitos em relação à empresa. Você se tornou de certa forma um co-proprietário da empresa. Por exemplo, você pode ter uma palavra a dizer nos assuntos da empresa através da assembléia de acionistas. E você também tem direito a uma parte dos lucros da empresa, muitas vezes pagos sob a forma de **dividendos**. Uma ação não rende juros.

Investir em títulos

Uma obrigação é uma prova de que, por exemplo, um governo ou uma empresa tem uma dívida com o proprietário da obrigação. Esta dívida foi criada porque o proprietário do título fez um empréstimo ao governo ou à empresa.

Se um governo ou uma empresa precisa de dinheiro para um investimento, por exemplo, pode obter o financiamento através da emissão de um título.

Um vínculo geralmente tem um certo termo. No final do prazo, o emissor do título reembolsa a dívida à pessoa que detém o título.

Durante o prazo, o proprietário do título recebe juros sobre a dívida. Se um título tem um vencimento de vários anos, o proprietário do título geralmente recebe pagamentos de juros anuais.

Investir em títulos. Por que você deveria? E em que títulos?

2021: Com as taxas de juros baixas atuais, a colocação de dinheiro em depósitos é preferida por algumas pessoas.

Investir em títulos - explicações e dicas

Títulos de menor risco

Assumir um risco limitado com investimentos é uma boa escolha, e títulos de boa qualidade proporcionam menos riscos do que ações. Você quer títulos de pelo menos qualidade de **investimento** em sua carteira para diminuir seu risco.

Uma alocação fixa de ações/obrigações em um portfólio pode ser inteligente. Essa alocação é muitas vezes baseada em risco. O apetite ao risco diminui com a idade, porque muitos investidores sérios querem poder viver de seus ganhos com o tempo. Vender durante um crash do mercado acionário também é menos relevante para títulos.

Dica: Use sua idade como porcentagem de títulos em sua carteira. À medida que você envelhece, você se aproxima da fase de retirada de sua carteira. Durante a fase de saque, você quer viver em parte do retorno de sua carteira e em parte da expansão de sua carteira.

No entanto, pode valer a pena ter não mais do que 50% de títulos em carteira. Com menos de 50% de ações em uma carteira, você tem muito poucas chances de retorno e com um máximo de 50% de ações durante a fase de retirada, o risco permanece aceitável.

As obrigações proporcionam estabilidade

Volatilidade

Uma segunda razão: Garantir que a volatilidade da carteira não seja muito grande.

A volatilidade do portfólio também é conhecida como volatilidade. As ações são um excelente investimento a longo prazo. Mas a curto prazo, elas podem ser muito voláteis.

Durante o crash do mercado acionário de 2008, muitos investidores aprenderam que não querem colocar todos os seus ativos exclusivamente em ações. Ver 40% de um ativo grave evaporar e não saber quando o declínio pára e a recuperação se segue é demais para muitas pessoas.

Só com ações, a volatilidade pode ser grande demais e estressante.

As obrigações são muito menos voláteis do que as ações. A título de exemplo: Os títulos do governo dos EUA a cinco anos nunca caíram mais do que 5% ao ano desde 1926. Além disso, o valor nunca esteve abaixo da alta anterior por mais de dois anos.

Anticorrelação

Em particular, os títulos do governo têm pouca ou nenhuma correlação, ou coerência, com as ações. Ou até mesmo têm correlação anti-correlação. Ou seja, o preço dos títulos do governo move-se pouco ou nada com o preço das ações, ou mesmo na direção oposta. Se o preço das ações subir, o preço dos títulos do governo pode descer.

Os títulos corporativos se correlacionam mais com as ações do que os títulos do governo, particularmente durante a queda da bolsa de valores.

Atualmente, os títulos do governo têm uma correlação negativa, o que significa que eles aumentam de valor assim que as ações caem.

Os títulos do governo em particular podem, portanto, ser utilizados para estabilizar uma carteira de ações.

Usando laços para reequilibrar

Em terceiro lugar, os investidores usam títulos para reequilibrar.

Por exemplo, quando os preços das ações caem drasticamente, eles vendem títulos e compram ações. Ou o contrário. Desta forma, a relação capital/obrigações permanece adequada ao seu apetite de risco.

O reequilíbrio, no entanto, não proporciona retornos adicionais.

Portanto, você não precisa reequilibrar para fazer retornos extras. Mas o reequilíbrio é necessário se você quiser manter o perfil de risco de sua carteira em linha com seu apetite de risco.

Obrigações: devolução

Yield

Com títulos, você tem que lidar com vencimentos diferentes. Um título pode ter um prazo de meses a até mais de 30 anos.

Dependendo do prazo, uma taxa de juros é paga. Este rendimento de juros também é chamado de rendimento. O rendimento indica o que você recebe em juros se possuir um título por 1 ano.

Vencimentos mais longos geralmente pagam uma taxa de juros mais alta sobre o título do que vencimentos mais curtos. Em vencimentos mais longos, há maior risco de inflação. Para compensar este risco maior, a taxa de juros é maior em vencimentos mais longos.

Rendimento até a maturidade

Yield to maturity (YTM abreviado), ou rendimento até o vencimento, é uma medida útil para comparar os retornos dos títulos com diferentes vencimentos. O YTM é normalmente representado como uma taxa de juros anualizada.

Ao contrário do rendimento, a YTM também leva em conta o valor presente dos pagamentos futuros de juros de uma obrigação. Para mais informações e a fórmula que acompanha, você pode ir **aqui**, por exemplo.

Curva de rendimento

O rendimento dos juros em relação ao vencimento traçado em um quadro dá a chamada curva de rendimento de uma obrigação. Aqui está a curva de juros dos títulos do governo americano:

O eixo x mostra o vencimento dos títulos em anos (y = ano), o eixo y mostra a taxa de juros correspondente. A figura mostra uma curva crescente à medida que o vencimento se torna mais longo. Isto é comum e é chamado de curva de juros crescente.

Ocasionalmente você tem que lidar com uma curva de juros que é inclinada para baixo. Isto normalmente dura pouco tempo e é chamado de curva de juros invertida.

Aqui também a curva de rendimento dos titulos públicos europeus da mais alta qualidade (AAA) tal como está:

O aumento das taxas de juros faz com que os preços dos títulos caiam

Os riscos que você enfrenta na posse de títulos são principalmente que o empréstimo não será reembolsado e que o preço cairá à medida que as taxas de juros subirem.

Ao comprar títulos de boa qualidade, por exemplo, pelo menos grau de investimento, você reduz o risco de que o empréstimo não seja reembolsado.

O risco de aumento das taxas de juros funciona da seguinte forma:

Suponha que você tenha um título com uma taxa de juros de 4% e um prazo de vencimento de 5 anos. Agora a taxa de juros de mercado sobe de 4% para 5%. Os títulos emitidos recentemente também pagarão 5% de juros ao invés de 4%. Por exemplo, agora você pode comprar um título com uma taxa de juros de 5% e um prazo de 5 anos. O título com uma taxa de juros de 4% que você já tinha então passa a valer menos.

Essa queda de preço é proporcional à maturidade média de seu título. Por exemplo, se seu título tem uma maturidade de 5 anos, então um aumento de 1% na taxa de juros dá uma diminuição de cerca de 1% * 5 = 5% do preço do título.

Portanto, você pode reduzir o risco de depreciação devido ao aumento da taxa de juros, encurtando o prazo de vencimento de seus títulos.

Apenas uma nota lateral: fundo de títulos ou títulos únicos quando as taxas de juros estão subindo?

Para se tornar imune a quedas de preço de seu título devido a aumentos das taxas de juros, você pode mantê-lo até o final do prazo. Então você recebe o valor nominal e, entretanto, acaba de receber o pagamento dos juros.

Entretanto, com uma curva de rendimento crescente, como a que existe agora, faz mais sentido manter um fundo de títulos com um vencimento médio fixo do que separar os títulos e mantê-los até o vencimento. Isso proporciona mais retorno. Veja **este interessante estudo de Kitces** para os detalhes.

Títulos ou poupança como um componente estável em sua carteira?

Conta poupança = título com vencimento de 0 anos

Você poderia considerar uma conta poupança livremente sacável em um banco holandês um pouco como um título de muito baixo risco com um vencimento de 0 anos. Um título do governo holandês ou alemão poderia ser considerado como um título de muito baixo risco. A taxa de juros da conta de poupança livremente sacável na Holanda se enquadra nisso e está atualmente em torno de 0-0,35%.

Mais longo prazo = mais retorno

Os depósitos são contas de poupança com vencimentos fixos e mais longos. As taxas de juros também são, portanto, geralmente mais altas do que em uma conta poupança livremente sacável.

Pode-se dizer que estes estão mais à direita da curva de juros do que uma conta poupança livremente sacável, que está à esquerda da curva de juros.

Depósito = não flexível, vínculo = flexível

No entanto, geralmente você está vinculado a esse depósito durante o prazo do depósito. Ao adquirir uma **escada de depósito** (vários depósitos com vencimentos crescentes, por exemplo, um de 0,5 anos, um de 1 ano, um de 2 anos, etc.) você se torna mais flexível, mas ainda é menos flexível do que com títulos livremente negociáveis.

Uma vantagem de um fundo de títulos sobre um depósito (escada) é que você pode vendê-lo a qualquer momento, por exemplo, para reequilibrar quando as ações caem ou sobem acentuadamente.

Conta de poupança temporária ou depósitos em vez de títulos?

Entretanto, com os baixos rendimentos atuais (2021) há certamente algo a ser dito para colocar a parte estável de sua carteira (em parte) como dinheiro em depósito ou em uma conta poupança. Desta forma, você não corre (ou corre menos) o risco de uma queda do preço de seu fundo de títulos quando as taxas de juros do mercado sobem.

Portanto, esta pode ser uma grande alternativa aos laços.

A consideração pessoal pode fazer com que você prefira títulos.

Investir consistentemente em títulos em vez de investir temporariamente (em parte) em poupança tem a vantagem para muitas pessoas de não terem que se preocupar com o timing do mercado.

As perguntas que essas pessoas têm que responder por si mesmas são: "Quando é que eu saio da poupança de volta aos títulos? E quando eu volto a sair dos títulos para a poupança?" Isso pode causar ansiedade.

O fato de os títulos serem livremente negociáveis também pode ser atraente. Uma vez que você queira reequilibrar, você também pode fazer isso. Dependendo do vencimento de qualquer depósito, o dinheiro pode não estar disponível (imediatamente) para reequilibrar.

Mais algumas considerações que podem argumentar a favor de poupança/depósitos, assim como títulos:

- Títulos de qualidade de investimento com maturidade média rendem facilmente 2x mais juros do que economias livremente sacáveis.

- Uma conta de poupança ou depósito não implica em custos de transação; um fundo de títulos pode ter custos de transação.

- Assim que os preços das ações caem acentuadamente, os preços dos títulos públicos seguros, em particular, geralmente sobem. As pessoas fogem para os chamados paraísos seguros. Se você então vender títulos do governo e usar os lucros para comprar ações, de modo que sua relação entre ações e títulos novamente corresponda ao seu apetite de risco, você obtém mais retorno de sua venda. Você não obtém este retorno maior de uma conta poupança, porque não aumenta de valor assim que as ações caem de valor.

Investir em títulos - quais escolher?

Os títulos corporativos podem ser melhores do que os títulos do governo porque normalmente dão retornos ligeiramente maiores do que os títulos do governo para o mesmo perfil de risco, como declarado nas Informações Fundamentais do Investidor de ambos os fundos.

Títulos corporativos ou títulos do governo?

Os títulos corporativos têm se mostrado mais lucrativos do que os títulos do governo por vários períodos na história.

Os retornos adicionais surgem principalmente porque implicam em mais riscos. Portanto, isto não é consistente com as informações contidas no IEAC e IEGA Essential Investor Information. Os títulos corporativos são um pouco mais parecidos com as ações do que os títulos do governo.

Isto pode fazer com que alguém saia dos títulos corporativos e invista somente em títulos do governo para a parte de sua carteira de títulos.

Títulos com cobertura de risco global para o euro

A Vanguard defende títulos globalmente diversificados **e protegidos** pelo euro para os europeus. Esta visão é baseada em uma combinação de cerca de 20% de títulos corporativos e 80% de títulos do governo e outros empréstimos garantidos principalmente pelo governo. As conclusões também se aplicam a 100% de títulos do governo.

Um investimento em títulos globais dá acesso a uma gama mais ampla de empréstimos, mercados, economias e ambientes inflacionários. Com isso, você tem mais diversificação e tem uma carteira mais estável.

É fundamental que você exclua as flutuações cambiais, protegendo-se da moeda de seu próprio país.

O Vanguard mostra que os títulos globais cobertos ao euro mostram uma volatilidade significativamente menor do que os títulos europeus durante o período 1988-2017.

Investir em títulos globalmente também dá cerca de 4x mais diversificação do que investir apenas na Europa.

Outro aspecto importante é que existe uma correlação bastante baixa entre os rendimentos dos títulos do governo entre os países do mundo nos últimos 50 anos. Se as taxas de juros subirem em um lugar, elas podem muito bem cair em outro. Como resultado, quando você espalha seus títulos do governo globalmente, você obtém uma carteira de títulos mais estável.

Apenas títulos do governo europeu exclusivamente, você corre um risco político. Dos títulos do governo europeu no IEGA, cerca de 22% são italianos e 14% são espanhóis. Ambos os países têm riscos políticos que nem todos querem ver representados em sua parcela estável de títulos de sua carteira de investimentos.

Ao investir globalmente em títulos do governo cobertos pelo euro, você espalha o risco.

Xtrackers II Global Government Bond OICVM ETF (DBZB)

Está disponível um fundo global de títulos diversificados que investe em títulos do governo de pelo menos qualidade de investimento, é coberto pelo euro e detém fisicamente os títulos do fundo.

Esse é o Xtrackers II Global Government Bond UCITS ETF (ticker: DBZB, código ISIN: LU0378818131).

Este fundo mudou recentemente da replicação sintética para a replicação física.

Comprando estoques – como fazer isso?

As ações e títulos são exemplos dos chamados títulos. Você pode comprar ou vender muitas ações e títulos em uma bolsa de valores.

Para isso, a ação ou título deve estar listada naquela bolsa de valores. As bolsas de valores bem conhecidas incluem a Bolsa de Valores de Nova Iorque.

Uma ação ou título é listada na bolsa de valores a um determinado preço. É o valor pelo qual você pode comprar ou vender a ação. Se a empresa aumentar de valor, você verá isso refletido no preço da ação, por exemplo.

A negociação nas bolsas de valores hoje em dia é feita principalmente eletronicamente e digitalmente. Você mesmo não precisa viajar para Nova York para começar a investir lá.

Investindo na bolsa de valores você pode fazer através do chamado **corretor**.

O que é um corretor?

Um corretor é um corretor de bolsa e pode se referir a uma pessoa ou a uma empresa. A pessoa é aquela que negocia por conta própria, a empresa é a parte que emprega os comerciantes. Quando é um comerciante em uma bolsa de valores também é referido como corretor de bolsa.

Através de um corretor, você pode comprar e vender ações, títulos, opções e similares no mercado de ações como indivíduo. O banco onde você banca geralmente também cumpre esta função. Atualmente há cada vez mais empresas que não são bancos, mas que oferecem estes serviços. Estas muitas vezes funcionam exclusivamente on-line. Um exemplo disto é o DEGIRO.

Um corretor trabalha sempre em nome de outros. Ele não pode negociar na bolsa de valores por sua própria conta. Ele recebe ordens de outras partes, como clientes privados e de investidores institucionais, como fundos de pensão. Ele recebe sua renda da comissão sobre as transações.

Começando a investir - quais as ações a serem compradas?

Quando você começa a investir em ações ou títulos, você pode fazê-lo em ações ou títulos individuais. Você terá então que decidir qual empresa ou empresas escolher.

Por exemplo, você pode comprar uma parte solta da Apple.

No entanto, é praticamente impossível escolher as ações vencedoras. Se o mercado espera que uma ação ou setor se saia relativamente bem, isso já está incluído no preço da ação naquele momento. E há muitos aspectos imprevisíveis que podem influenciar o preço, tornando-o em sua maioria uma aposta que a ação se sairá bem.

Os maiores retornos são obtidos principalmente por aqueles que simplesmente investem bem diversificados a baixos custos. De preferência com um spread global, de modo que você esteja minimamente dependente de altos e baixos regionais, por exemplo, como resultado de desenvolvimentos políticos.

Investir em fundos de índice ou ETFs

Quando você começa a investir, você também pode optar por investir em milhares de empresas de uma só vez. Você não precisa de uma grande soma de dinheiro para isto. Você pode fazer isso por apenas algumas dezenas de euros.

Você pode fazer isso simplesmente comprando um fundo mútuo que inclui muitas ações. Um **fundo de índice** ou ETF é um exemplo disso.

Qual é a diferença entre um fundo de índice e um ETF?

Os termos ETF e fundo de índice são freqüentemente utilizados para o mesmo tipo de fundo. Oficialmente, existem diferenças entre um fundo de índice e um ETF. Um fundo de índice pode ser negociado uma vez por dia. O preço é determinado com base no Valor Líquido Patrimonial (NAV) no final do dia de negociação.

A sigla ETF significa Exchange Traded Fund, ou fundo que é negociado na bolsa de valores. Um ETF pode ser negociado durante todo o dia de negociação. O preço é determinado com base em um preço de compra e venda.

Exemplos de fundos de índice

Uma forragem de índice é o conhecido índice S&P500. Ele contém as 500 maiores empresas dos EUA. O curso deste índice durante as últimas décadas se assemelha a este: A curto prazo, ele mostra flutuações consideráveis, a longo prazo, um aumento constante.

Há também índices nos quais todas as grandes empresas do mundo estão representadas. Um fundo de índice ou ETF que rastreia tal índice contém, então, ações de milhares de empresas.

Um excelente exemplo é o Vanguard FTSE All-World UCITS ETF (**VWRL**). Isto permite investir em mais de 3.000 das empresas mais bem sucedidas do mundo através de apenas um fundo.

Benefícios dos fundos de índice

Uma vantagem de investir em fundos de índice ou ETFs é que você pode facilmente conseguir um investimento bem diversificado a baixo custo. Uma boa diversificação é necessária para minimizar seu risco.

Se uma empresa tem um mau desempenho e você tem ações dela, você pode sofrer muito. Quando essa empresa está em seu fundo de índice junto com milhares de outras, ela dificilmente o afeta.

Outra vantagem de investir em fundos de índice é que você não precisa mais entender os mercados e as empresas para começar a investir.

Outra grande vantagem de possuir um fundo de índice é que as empresas com mau desempenho no índice são automaticamente substituídas por empresas com bom desempenho. Portanto, você não precisa fazer nada sozinho.

O benefício final é o baixo custo que os fundos de índice trazem. Os baixos custos são necessários para obter um bom retorno sobre seus investimentos. Comprar ações soltas é quase sempre mais caro do que comprar um fundo de índice devido aos custos de transação mais altos.

Popularidade dos fundos de índice e ETFs

Nos Estados Unidos, os fundos de índice e ETFs são populares há algum tempo. Na Europa, eles também estão em ascensão nos últimos anos. No mundo inteiro, mais de **7.700 bilhões de dólares** são agora investidos em fundos de índice e ETFs.

Fundo de índice e fornecedores de ETF

Os fundos de índice e ETFs são oferecidos pelas chamadas casas de fundos. **A Vanguard** é um dos maiores provedores de fundos de índice e ETFs do mundo com ativos investidos de US$ 6.200 bilhões. **iShares** e **Xtrackers** também são provedores bem conhecidos.

A Vanguard é também a casa de fundos que está crescendo mais rapidamente no mundo. De acordo com **estimativas**, os influxos para os fundos Vanguard no passado recente foram de US$289 bilhões em um ano.

Uma excelente combinação de uma ETF de ações e uma ETF de títulos é o fundo anteriormente mencionado da Vanguard e, adicionalmente, 1 ETF de títulos da Xtrackers:

100% títulos do governo em todo o mundo com o risco cambial coberto para o euro: Xtrackers II Global Government Bond OICVM ETF (**DBZB**)

Ao investir desta forma, você dificilmente será afetado pelo mau desempenho de uma empresa individual. Com esta carteira, você pode obter uma média de 6-7% de retorno líquido ao longo de vários anos (é claro, isto não é garantia).

Agora vamos explicar porque pode ser sábio ter um fundo de índice de títulos em sua carteira, além de um fundo de índice de ações.

Ligações em parte?

Durante a crise de 2008, muitos investidores aprenderam a colocar uma parcela significativa de seus investimentos em **títulos para** manter a paz de espírito durante uma forte queda do mercado acionário.

Como sugerido anteriormente, você pode manter sua idade como uma porcentagem de títulos para sua carteira.

Pessoa X detém 75% de ações fixas / 25% de títulos. A proporção de ações/obrigações é determinada principalmente pela sua tolerância pessoal ao risco. Ou seja, como você pode resistir a quedas bruscas de preços íngremes sem sair do mercado.

Uma vez que a distribuição de títulos em uma carteira se desvie mais de 5% de uma distribuição desejada, você pode optar por reequilibrá-la para a distribuição desejada.

Os falecidos são os melhores investidores

Comprar e segurar sem timing de mercado é realmente uma estratégia tão comprovada? A Fidelity examinou quais contas de investimento tiveram melhor desempenho durante o período 2003 - 2013, incluindo a crise de 2008. Os resultados:

1. O defunto
2. As pessoas que haviam esquecido que tinham uma conta de investimento

Outras formas de investimento

Investir em conta poupança e através de depósitos

Você pode depositar dinheiro a uma taxa de juros fixa por um prazo fixo em uma conta poupança de depósito. Isto é relativamente seguro, mas dá relativamente pouco retorno.

Investir em bens imobiliários

O investimento em imóveis pode ser feito, por exemplo, comprando uma casa e começando a alugá-la. Isto requer o conhecimento necessário do mercado para ser bem sucedido.

Além disso, através deste método de investir em imóveis, você tem relativamente pouca diversificação e, portanto, corre um risco relativamente alto.

Você também pode investir através de corretores em fundos que investem em imóveis para você. Isto permite que você alcance uma diversificação muito maior. Os chamados REITs são um exemplo disso.

Invista em REITs para diversificação

Em particular, as principais vantagens dos REITs (*Real Estate Investment Trusts*) são a diversificação que eles proporcionam em uma carteira e a proteção contra a inflação.

A diversificação de portfólios é uma coisa boa. Você pode optar por olhar além das ações e títulos. Mas de vez em quando, a volatilidade de alguns *ativos duros*, como bens imóveis e commodities, se torna mais forte. Esse tipo de aumento de curto prazo levanta imediatamente questões sobre risco e retorno.

As vantagens dos REITs estão principalmente na diversificação que eles oferecem e na proteção contra a inflação. Estas são características mais importantes do que retornos excepcionais a curto prazo. Graças à oferta global de REITs, os investidores podem agora investir em imóveis comerciais de forma líquida.

Se as ações dos EUA se saíram excepcionalmente bem no ano passado, este ano está se mostrando muito mais difícil. Mas os REITs começaram a voar. Somente nos últimos três meses, a Vanguard REIT ETF apresentou um retorno de 9%.

REITs, *Real Estate Investment Trusts*, são fundos, que derivam sua renda de investimentos imobiliários. Eles são listados na bolsa de valores e negociados como ações. Ele oferece aos investidores privados a oportunidade de investir em imóveis comerciais. As propriedades de investimento também podem oferecer alguma proteção contra a inflação, já que a renda de aluguel aumenta em tempos de inflação, assim como o valor do imóvel.

Alguns investidores optam por investimentos imobiliários diversificados internacionalmente. Uma vantagem é o spread e a baixa correlação com o resto da carteira e até mesmo a própria casa.

A longo prazo, os REITs e as ações proporcionam retornos equivalentes. De 1990 a 2014, o retorno anualizado do índice S&P Global REIT foi de 8,94%. Durante esse período, o S&P 500 entregou 9,26% e o MSCI ALl Country World Index 6,75% anualizado.

Durante esse período de 25 anos, a correlação entre o Índice REIT e o S&P 500 foi de 0,61. Com *títulos de grau de investimento*, a correlação é muito baixa, até negativa. Se você ligar classes de ativos com baixa correlação, você reduz assim a volatilidade de sua carteira. Se você investe em REITs além de ações e títulos, você aumenta assim o retorno ajustado ao risco de sua carteira.

Investindo através do crowdfunding

O crowdfunding é uma forma de investir onde você empresta dinheiro a um grupo de pessoas, sobre o qual você recebe juros. Investir no crowdfunding é geralmente mais arriscado do que investir em fundos de índice, porque você tem muito menos diversificação.

Investir em ouro

Investir em ouro, como investir em prata, é popular em tempos de turbulência econômica e política. O ouro é então considerado um porto seguro por muitos.

Investir em ouro é relativamente fácil, comprando um fundo que investe em ouro para você. Um exemplo bem conhecido é o WisdomTree Physical Gold (ISIN: JE00B1VS3770). Ele pode ser comprado ou vendido a qualquer hora do dia durante o horário de funcionamento da bolsa de valores.

A longo prazo, investir em ações geralmente rende mais do que investir em ouro.

Investindo em moedas criptográficas

Investir em moeda criptográfica, como investir em **bitcoins**, é visto por alguns como responsável e por outros como especulação irresponsável.

O investimento em moeda criptográfica envolve riscos relativamente altos; os preços estão sujeitos a grandes flutuações.

Investimento sustentável

O investimento sustentável está em expansão. No entanto, há uma série de pontos que precisam ser levados em consideração.

ETFs sustentáveis: categorias

Dentro das ETFs sustentáveis, você tem várias categorias.

- Fundos da ESG
- Fundos do SRI
- Investimento de impacto.

Investimento sustentável utilizando os critérios da ESG

Quais são os critérios da ESG?

Os critérios da ESG são padrões de conduta comercial nas áreas de (E = Meio Ambiente), (S = Social) e (G = Governança) que os investidores podem utilizar para selecionar investimentos potenciais. O principal objetivo de uma avaliação de ESG é determinar o impacto dos critérios de ESG no desempenho financeiro.

O impacto sobre a sustentabilidade não é primordial.

Diferenças entre as ETFs da ESG

Quando duas ETFs têm o termo ESG em seu nome, isso não significa que são compostas utilizando os mesmos critérios ESG.

Existe atualmente uma grande máquina de marketing em funcionamento no canto sustentável da indústria financeira. Nos EUA, hoje em dia, as ETFs comuns e não-ESG já costumam custar tão pouco quanto cerca de 0,02% em taxas contínuas por ano (0% é até comum). As alternativas ESG são freqüentemente comercializadas a taxas 10x mais altas.

Agências de classificação ESG

Primeiro, há várias empresas que criam critérios e índices de ESG, que as ETFs então rastreiam. Essas empresas são chamadas agências de classificação ESG. Os critérios ESG utilizados por cada agência de classificação ESG são diferentes, e os interesses comerciais da agência e do fundo classificado podem ter um papel importante.

Às vezes, a falta de convergência e a (às vezes) péssima transparência das avaliações e classificações dos ESG são denunciadas.

Nota: Quando MSCI atribui a uma empresa uma alta pontuação ESG, essa mesma empresa pode ter uma pontuação bem abaixo da média na Sustainalytics. Além disso, as grandes empresas geralmente pontuam mais alto no ESG do que as menores, puramente porque têm a capacidade de relatar melhor.

Deseja saber mais sobre o ranking das agências de classificação ESG?

Visite este site:
https://www.sustainability.com//thinking/rate-the-raters-2020/

Índices da ESG

As agências de classificação ESG criam os índices que as ETFs rastreiam. Além do fato de que existem várias agências de classificação ESG, cada uma destas agências de classificação ESG quase sempre tem uma gama de índices ESG diferentes para que as casas de fundos possam escolher. Uma das agências de classificação mais conhecidas,

MSCI, já tem mais de 1.000 (!) índices de ESG disponíveis.

Como resultado, é extremamente difícil comparar as ETFs da ESG entre si.

Princípio de seleção da ESG

Um fundo de índice ESG geralmente faz uma seleção de empresas que, por setor, obtêm a melhor pontuação nos critérios da ESG. É bem possível que as empresas que obtiveram boa pontuação em S e G, mas não em E, sejam incluídas na seleção.

A maioria dos fundos da ESG selecionam as empresas mais sustentáveis por setor e, portanto, não excluem setores. Essa é a razão pela qual você ainda vê empresas de petróleo/gás nas ETFs da ESG.

Em termos de impacto sobre a sustentabilidade, você poderia ver os critérios da ESG como uma forma suave de triagem.

Investimento sustentável usando critérios de SRI

Quais são os critérios do SRI? SRI significa Socially Responsible Investing, ou investimento socialmente responsável. Isto vai um passo além do ESG ao eliminar ou selecionar ativamente investimentos com base em diretrizes éticas específicas. Os critérios do SRI utilizados podem variar enormemente de fundo para fundo.

Investimento sustentável através de investimentos de impacto

Com o investimento de impacto, um impacto positivo do investimento tem precedência sobre um resultado positivo do investimento. Investir em uma organização sem fins lucrativos dedicada à pesquisa e desenvolvimento de energia limpa, independentemente de o sucesso ser garantido, é um exemplo.

O cumprimento dos objetivos de desenvolvimento sustentável da ONU também é às vezes utilizado como um critério de seleção para investimentos de impacto.

Impacto sobre a sustentabilidade

Se você quer contribuir para um mundo mais sustentável com seus investimentos em fundos de índice, então, simplesmente coloque, existem 2 rotas:

1. Você investe em fundos de índice sustentáveis.
2. Você investe em fundos de índice regulares e coloca o retorno de seus investimentos para financiar metas sustentáveis fora de seus investimentos.

Desempenho de fundos sustentáveis

Parece não haver um consenso real sobre se os fundos sustentáveis têm um desempenho melhor ou pior do que os fundos não sustentáveis.

Estudos mostram que o investimento de impacto, que como mencionado é um exemplo de SRI, geralmente não é a maneira mais eficiente de ter impacto positivo com seu dinheiro. De acordo com essa pesquisa, você pode aumentar significativamente seu impacto em causas sustentáveis mudando de investimentos de impacto para investimentos regulares com o objetivo de doar para instituições de caridade ou já doando seu dinheiro diretamente para instituições de caridade.

Em resumo, ao investir em ETFs, é importante perceber que o desempenho das ETFs sustentáveis pode diferir substancialmente das ETFs não-sustentáveis e convencionais.

Escolhendo ETFs sustentáveis ou insustentáveis

É muito pessoal a escolha que melhor lhe convier. Por exemplo, se por razões morais você simplesmente não quer investir em empresas que não operam de forma sustentável, então sua escolha recairá sobre ETFs sustentáveis.

Você pode optar por usar parte dos lucros de seus investimentos para apoiar iniciativas sustentáveis ou sociais, sem que o ganho financeiro seja um fator para mim.

Além disso, você pode viver de forma consciente e sustentável em várias frentes, como **dirigir pouco e silenciosamente**, substituir as roupas somente **quando elas estão gastas** e usar a energia de um **fornecedor sustentável**.

69

Investimento sustentável: que fundos escolher?

Ao escolher uma ETF sustentável, a principal coisa a considerar para você mesmo é quais indústrias ou setores você quer excluir. Quanto mais indústrias você excluir, mais sustentável se torna seu perfil. E quanto mais o desempenho financeiro de seu fundo for diferente de um investimento global diversificado ETF sem um foco específico apenas em empresas sustentáveis.

Praticamente todas as ETFs sustentáveis excluem as indústrias de tabaco, armas controversas, sexo e jogos de azar para começar, assim como as empresas que cometeram graves abusos de direitos humanos nos últimos anos. Os fundos de triagem mais leve da ESG geralmente ainda não excluem a indústria petrolífera.

Normalmente, existem 6 critérios que uma ETF deve satisfazer para ser classificada como boa, como explicado anteriormente neste livro.

Um desses critérios é que um fundo deve ser de tamanho suficiente. Isto o torna mais eficiente e, portanto, mais barato. Também facilita o comércio (mais "líquido"), o que reduz o **spread** durante a compra e venda. E também torna mais provável que o fundo continue a ser estável.

Como muitas ETFs sustentáveis só existem há relativamente pouco tempo, elas são regularmente muito pequenas.

Mercados desenvolvidos e emergentes

Há uma divisão de ETFs sustentáveis que rastreiam um índice para mercados desenvolvidos (MSCI ou FTSE World Index) e para mercados emergentes (MSCI Emerging Markets). Na verdade, as ETFs sustentáveis estão quase todas divididas nesta subdivisão geográfica.

O índice mundial MSCI ou FTSE não inclui países emergentes (mercados emergentes), como a China. Se você quer ser diversificado globalmente, você precisa de cerca de 88% de um mercado desenvolvido sustentável ETF e cerca de 12% de um mercado emergente sustentável ETF em sua carteira. Essas porcentagens podem mudar com o tempo.

ETFs sustentáveis: os melhores fundos?

O que você deve procurar ao escolher uma ETF sustentável? Quais são as melhores ETFs sustentáveis?

O investimento sustentável está em ascensão aqui. Os Millennials, em particular, querem investir de forma sustentável, ao contrário dos investidores um pouco mais antigos. Como exemplo, os EUA: os investidores um pouco mais antigos de lá ainda possuem cerca de 70% dos ativos disponíveis livremente.

Mas nas próximas décadas, eles herdarão isto, no valor de cerca de 30 trilhões de dólares, para os milênios de hoje em particular. Este é **um dos maiores turnos de riqueza** da história.

Então, o que você deve procurar em investimentos sustentáveis através das ETFs?

Mais informações sobre um fundo

Se você procurar o código ISIN na Internet a partir das sínteses acima em combinação com a palavra "ficha técnica", geralmente encontrará imediatamente uma visão geral das características do fundo.

Custo dos fundos de índice

Como a composição dos fundos é tão diferente, compará-los em termos de custo não faz muito sentido. O que importa no final é o desempenho, depois que todos os custos foram deduzidos. Estes são fortemente influenciados pela composição das ETFs.

No entanto, todas as ETFs mencionadas acima têm custos relativamente baixos. Além disso, os fundos Northern Trust, os fundos Actiam e o Vanguard SRI FTSE Developed World II Common Contractual Fund são os menos afetados pelo **vazamento de dividendos** devido ao seu status fiscal especial.

Riscos de investir em ações

Muitas pessoas têm medo de investir em ações e de ver o risco. Mas ao economizar em vez de investir, você pode estar fazendo muito mais mal do que pensa.

Quais são os riscos de investir em ações, como baixá-las e o que fazer para investir e economizar rendimento?

A curto prazo, os estoques podem cair ou subir muito de valor. Abaixo discutimos alguns dos riscos associados ao investimento em ações.

O que é risco de preço?

O risco de preço é o risco de que as ações de uma empresa se tornem menos valiosas à medida que as condições econômicas gerais se deterioram.

Isto também é conhecido como risco de mercado. Por exemplo, uma deterioração no mercado pode fazer com que uma empresa apresente resultados mais fracos. Como resultado, as ações dessa empresa podem valer menos.

O que é risco cambial?

O risco monetário é o risco que você corre ao investir em uma moeda que não seja o euro.

Se você vai investir em ações, você pode fazê-lo em diferentes moedas. As mais comuns são o euro e o dólar.

Se você deseja liberar dinheiro de investimentos em dólares, você tem que lidar com a taxa de câmbio da moeda com a qual você está agindo. O risco de depreciação de uma moeda é chamado de risco cambial.

O que é risco de taxa de juros?

O risco da taxa de juros é o risco de que o valor dos investimentos caia se as taxas de juros de mercado subirem.

O oposto pode acontecer quando as taxas de juros de mercado caem. Na Europa, o BCE tem mantido as taxas de juros baixas, mesmo negativas, nos últimos anos. Isto ajudou a garantir que, para os europeus, os preços das ações subissem substancialmente. A taxa de juros mais baixa tem resultado em custos de juros mais baixos para as empresas. Isto incentiva as empresas a investir e pode aumentar os lucros.

O que é risco de crédito?

O risco de crédito é o risco de que a empresa em que você investe fique sem dinheiro para cumprir suas obrigações.

Isto significa, por exemplo, que nenhum dividendo será pago sobre seu investimento em ações. Ou no caso extremo de a empresa ir à falência e suas ações não valerem nada.

O que é risco de liquidez?

Risco de liquidez é o risco de que você não possa negociar suas ações na bolsa de valores, ou só possa fazê-lo com dificuldade e a um preço desfavorável. Assim, seus investimentos não são "líquidos".

Se você não negocia muito no mercado de ações, mas investe a longo prazo, você não terá que lidar com este risco facilmente.

As ações podem se tornar negativas em valor?

Não, as ações nunca podem se tornar negativas em valor. Se uma empresa entra em falência na qual você possui ações, então no caso extremo, seu investimento pode tornar-se sem valor. Mas você nunca terá que pagar um valor extra em tal caso.

O que é risco de retenção?

O risco de custódia é o risco de que algo dê errado na custódia de suas ações por seu banco ou corretor.

Suas ações serão mantidas para você pelo seu banco ou corretor. Os bancos e corretores são obrigados a manter os ativos investidos de seus clientes separados de seus próprios ativos. Desta forma, seus ativos permanecerão seus no caso improvável de que o banco ou corretor vá à falência.

Se algo der errado com esta custódia, o **esquema de compensação do investidor** está lá para compensar até 20.000 euros de ativos investidos por banco ou corretor. Mas em casos extremos, um risco pode permanecer, por exemplo, se você tiver investido mais de 20.000 euros através de uma parte e, contra todas as regras, algo der errado.

O que é risco de contraparte?

Se você possui um fundo mútuo composto de ações individuais, seu banco ou corretor deve manter esse fundo separadamente para você, assim como as ações individuais. As cotas subjacentes do fundo são então mantidas em custódia ou colocadas em custódia pelo próprio emissor do fundo. Neste último caso, o fundo corre um chamado risco de contraparte.

Risco de contraparte é o risco de que a contraparte, a quem o fundo mútuo deu custódia das ações subjacentes, não possa cumprir suas obrigações.

Existem todos os tipos de regras rigorosas para isso também, mas você nunca tem 100% de certeza de que tudo vai correr bem lá no final.

O que rendem a economia e os investimentos?

As economias parecem ser uma forma estável de manter seu dinheiro. Mas hoje em dia, em muitos países, a economia é garantia de um retorno negativo substancial.

Hoje em dia, a economia rende no máximo alguns décimos de um por cento de juros por ano se você a mantém em um depósito por um período mais longo. As economias que podem ser retiradas livremente geralmente não rendem mais juros.

Se você incluir então uma taxa de inflação média de 2-3% ao ano e possivelmente também um **imposto sobre ganhos de capital de 0,59-1,76%**, você logo faz em direção ao retorno negativo de 4% ao ano. Com 4% de retorno negativo por ano, coloque em 1.000 euros agora e você terá de fato apenas 442 euros em 20 anos.

A curto prazo, os estoques podem cair acentuadamente em valor ou subir. Os retornos podem flutuar muito no curto prazo, mas aumentar de forma constante no longo prazo.

As flutuações de curto prazo tornam os estoques como um investimento de curto prazo arriscado. Portanto, a regra geral é manter o dinheiro que se deseja investir em ações nele investidas por pelo menos 5-10 anos.

Investir em ações historicamente rende **quase 10%** ao ano. Subtraia 4% para a inflação e o imposto sobre ganhos de capital e você fica com um retorno positivo de 6% ao ano.

Com 6% de retorno positivo por ano, coloque em 1.000 euros agora e você terá 3.207 euros com em 20 anos. Isso é uma grande diferença em relação aos 442 euros após 20 anos de economia.

Ninguém pode lhe dar qualquer certeza de como os preços das ações irão evoluir no futuro. Sempre haverá um risco de perder (parte) de seu investimento. Mas o que você pode fazer para limitar os riscos de investir em ações?

Limitar o risco de investir em ações

A coisa mais importante que você pode fazer é distribuir seus investimentos por muitas empresas e países. Então você reduz consideravelmente a maior parte dos riscos. Isto pode ser feito muito facilmente hoje em dia através dos chamados **ETFs** ou **fundos de índice**.

Através de um único bom ETF como **VWRL ou VWCE** (Vanguard FTSE All-World UCITS ETF) ou alguns bons fundos de índice como o **Northern Trust**'s, você investe em milhares de empresas em todo o mundo. Desta forma, você se espalha por empresas e regiões e assim reduz o impacto no resultado do seu investimento de algumas poucas empresas ou países com baixo desempenho.

Quando você espalha os investimentos da ETF por algumas casas de fundos, você reduz o risco de custódia associado com o fundo. Você poderia então espalhar-se por bancos e corretoras também porque parte do risco de custódia é para baixá-lo.

Reequilíbrio para o máximo retorno do investimento

O reequilíbrio pode ajudá-lo a obter o maior retorno de investimento com o menor risco.

Para ser um investidor de sucesso, é preciso comprar baixo e vender alto. Os investidores que são guiados pelas emoções muitas vezes fazem exatamente o contrário. Eles compram quando o mercado tem subido por um tempo e vendem quando o mercado tem caído por um tempo.

O reequilíbrio permite que você não deixe as emoções levarem a melhor sobre você e compre baixo e venda alto.

O que é reequilíbrio?

O reequilíbrio está restaurando o mix de investimento alvo de sua carteira de investimentos quando o mix de investimento atual não é mais o mesmo que o mix de investimento alvo.

Uma carteira de investimentos tem um certo mix de investimentos em diferentes fundos, por exemplo, ações e títulos.

Como os investimentos em ações e títulos não crescem ao mesmo ritmo, o mix de investimentos pode começar a se desviar do mix de investimentos pretendido. Isto pode ser retificado através de um reequilíbrio.

O reequilíbrio permite reduzir o risco da carteira e tirar proveito do fenômeno da reversão média.

Reversão média

A teoria da reversão média sugere que, mais cedo ou mais tarde, as ações retornam a seus retornos médios. O índice S&P500 teve um retorno médio de 10% por ano entre 1928 e 2014. Mas alguns meses ou anos este retorno foi muito maior ou menor do que a média.

Portanto, se tivermos meses ou anos de desempenho acima da média, é provável que sejam seguidos por meses ou anos de desempenho abaixo da média. O mesmo se aplica ao contrário. Os retornos voltam à média.

Calendário do mercado

Há muitos investidores que pensam que podem prever quando os preços vão cair ou subir. Isto é chamado de market timing. Os investidores que tentam cronometrar o mercado tendem a minar seus retornos. Eles normalmente compram quando os preços já estão subindo. E eles vendem, muitas vezes até em pânico, quando os preços já estão caindo. Isto é mortal para seus retornos.

Cronograma do mercado e o índice S&P500

O retorno do índice S&P 500 mais famoso do mundo durante o período 1996-2010 foi determinado por apenas 10 dias, o que não pode ser previsto com antecedência. Se você não tivesse investido nos 10 dias com os maiores aumentos de preço, seu retorno não teria sido a média de 6,7% ao ano, mas apenas 1,88%. Se você não tivesse investido nos 60 melhores dias do mercado de ações, você teria tido até mesmo um retorno negativo. Esses únicos dias de grandes aumentos e quedas de preços não são previsíveis.

Quanto e com que freqüência reequilibrar?

Digamos que você tenha 50% do valor de sua carteira investido em ações e 50% em títulos, exatamente como você quer que seja dividido. Se o preço das ações subir um pouco agora, você pode, por exemplo, ter 51% do valor de sua carteira em ações e 49% em títulos. Você não precisa então reequilibrar imediatamente. Os custos de transação podem então pesar relativamente pesado em seu retorno.

Reequilíbrio anual

Talvez a maneira mais fácil de evitar um reequilíbrio excessivo seja o reequilíbrio anual. É um método muito simples, mas a desvantagem é que durante esse período muita coisa pode mudar nos mercados voláteis de hoje.

Reequilíbrio do limiar

Uma alternativa é reequilibrar quando a distribuição difere da distribuição desejada em mais de, digamos, 5%. Em nossa carteira 50-50, isto significa que você deve reequilibrar quando o valor da parte das ações ou dos títulos representa mais de 55% de sua carteira. 5% é freqüentemente recomendado como um limite.

Reequilíbrio na inserção

Você pode investir mensalmente quando receber seu salário. Nesse momento, você pode fazê-lo com o fundo que teve o pior desempenho.

Isso também está se reequilibrando um pouco. Comprando contra o sentimento, ou seja, aquele fundo que faz o pior. Mas é exatamente isso que você tem que fazer de um ponto de vista de reversão maldoso. Com isso, você sempre compra relativamente baixo.

Lembre-se de que os mercados em ascensão não duram para sempre e que a reversão significa que é muito poderosa. A movimentação dos mercados requer reequilíbrio. E seu sucesso a longo prazo será determinado pela disciplina, controle de risco e compra baixa / venda alta.

Riscos gerais de investimento

Com um investimento em ações, você corre mais riscos no curto prazo do que com um investimento em títulos. As ações podem cair de repente no valor em dezenas de por cento. Os títulos flutuam muito menos em valor e, portanto, proporcionam estabilidade e segurança. A longo prazo, no entanto, as ações proporcionam um retorno maior para o risco assumido.

A proporção na qual você então inclui ações e títulos em sua carteira é determinada principalmente por quanto tempo você deseja manter os investimentos (seu horizonte de investimento) e seu apetite ao risco.

Seu horizonte de investimento determina o risco que você pode assumir. Quanto mais longo for seu horizonte de investimento, mais risco você pode assumir.

Mas não se trata apenas do risco que você pode correr, mas também de quanto risco você está disposto a correr. Em outras palavras, qual é a perda máxima aceitável em más condições de mercado de ações que você pode correr sem vender ações em pânico. Isto é chamado de apetite ao risco.

Para um iniciante é provavelmente sensato correr um pouco menos de risco do que para um investidor avançado. Afinal, um iniciante ainda não sabe como reagirá a uma forte queda na bolsa de valores. Como mencionado, o truque não é vender seus investimentos. Você deve, ao contrário, vender títulos e comprar ações adicionais para que possa retornar a sua relação ação/obrigação pré-determinada.

John Bogle, um dos fundadores da Vanguard, usou a regra de que você deve ter tantos títulos em sua carteira quanto sua idade. Portanto, alguém que tem 30 anos de idade deve ter 30% de títulos em sua carteira.

Inserção e reequilíbrio automático

Se você acha tedioso decidir por si mesmo no que investir a cada mês, você também pode tê-lo depositado automaticamente para você.

Investindo retornos

O custo do investimento determina em grande parte seu retorno a longo prazo. Apenas 0,1% em custos adicionais por ano garante que após 30 anos você não perca 30 * 0,1% = 3% de retorno, mas 21%! Veja a seção "Custos Baixos" no post **Escolhendo Fundos de Índice, 6 Pontos a serem observados** para a explicação.

Investir hoje pode ser feito a custos extraordinariamente baixos. Através de várias plataformas, por exemplo, você pode investir sem taxas de transação ou taxas de custódia no já mencionado Vanguard FTSE All-World UCITS ETF (VWRL) globalmente diversificado.

O que é um bom momento para comprar ações?

Se você quiser começar a investir, geralmente terá o maior retorno a longo prazo se depositar tudo de uma só vez. Mesmo quando as bolsas são aparentemente altas, geralmente é mais lucrativo a longo prazo investir do que esperar até que a bolsa de valores tenha caído.

Se você investiu, é prudente não olhar para trás. Então você não se sentirá tentado a vender se os preços caírem. E esta é a principal razão pela qual as pessoas fazem um prejuízo ao investir.

Como mencionado anteriormente, o truque não é vender durante o declínio da bolsa de valores, mas sim reequilibrar. Porque depois de vender você quase certamente perde a recuperação que sempre se segue.

Um ditado sobre isto é: o tempo no mercado é melhor que o tempo de mercado.

Venda!

Quão altos são os preços das ações. Devo investir agora? E depois tudo de uma vez ou em etapas? Não seria melhor obter lucros agora e vender?

Uma boa estratégia é comprar e segurar, combinada com algum reequilíbrio, independentemente de quaisquer que sejam as notícias. E continuar a investir de forma consistente assim que o dinheiro estiver disponível.

Longo prazo

É importante perceber que você só deve começar a investir em ações se estiver fazendo isso a longo prazo. Algo em torno de 10 anos. O mercado de ações é tão volátil que, se você investir a curto prazo, poderá sofrer muito com um declínio temporário e acentuado.

A longo prazo, a tendência é determinada principalmente pelo crescimento real das empresas subjacentes e menos pela especulação de curto prazo, que é o que causa as violentas flutuações de preços.

O crescimento da economia mundial é um crescimento robusto que tem mostrado uma tendência ascendente por muitos anos. A crise de 2008 não tem sido mais do que uma ondulação.

Saída temporária?

Se apenas o timing do mercado fosse tão fácil, todos o estariam fazendo. Na verdade, tentar cronometrar o mercado é a principal razão pela qual muitas pessoas não são investidores de sucesso.

Muitos investidores experientes aprenderam, através de tentativas e erros durante a crise de 2008, que permanecer em uma crise teria sido muito melhor do que sair temporariamente.

O retorno do índice S&P 500 mais famoso do mundo durante o período 1996-2010 foi determinado por apenas 10 dias, o que não pode ser previsto com antecedência. Se você não tivesse investido no S&P 500 durante os 10 dias com os maiores aumentos de preço, seu retorno não teria sido a média de 6,7% ao ano, mas apenas 1,88%. Se você não tivesse investido nos 60 melhores dias de mercado de ações, você teria tido até mesmo um retorno negativo.

Esses dias de grandes aumentos e diminuições de preços são impossíveis de se prever. Portanto, comprar e segurar em vez de tentar entrar e sair na "hora certa" é um descuido.

Os preços das ações não continuam subindo, não é mesmo?

As coisas nunca são tão simples quanto parecem e o futuro nunca pode ser previsto. Pode muito bem ser que, apesar da ascensão do mercado nos últimos anos, estamos prestes a realizar outro poderoso comício da bolsa de valores.

Esse mercado em ascensão também é chamado de **mercado de touros**. Ninguém pode prever isso. Historicamente, a ascensão nos últimos anos não tem sido tão espetacular.

Ninguém pode lhe assegurar que o mercado deve descer ou subir. Mas o mercado *pode* continuar a subir.

Depositar uma grande soma de dinheiro de uma só vez ou espalhá-la ao longo do tempo?

Como investidor (iniciante), para limitar o risco de perda devido a quedas repentinas de preços, você pode espalhar um único depósito maior ao longo de alguns meses, por exemplo.

Entretanto, para investidores um pouco mais experientes, geralmente é mais lucrativo fazer esse depósito de uma só vez diretamente.

100% das ações?

Pode ser tentador estar 100% em ações com seus investimentos neste mercado de touros. Entretanto, o que importa é que você possa manter sua cabeça fria o suficiente para não vender em pânico assim que o mercado começar a cair significativamente. Mais cedo ou mais tarde, esse declínio sempre acontece.

O truque é não sair. Porque isso é desastroso para seus retornos, pois tanto sair na hora certa como entrar na hora certa são virtualmente impossíveis. A propósito, o mercado sempre se recupera. É por isso que o horizonte de longo prazo é tão importante.

Pilares da estratégia de investimento

O autor e a editora deste livro não são consultores profissionais. Você continua sendo o único responsável por qualquer dano sofrido ao seguir os conselhos ou as informações contidas neste site. As informações contidas neste livro incluem a opinião pessoal do autor; não são conselhos de investimento e têm o único propósito de ser informativas e educacionais. Favor observar: Investir envolve riscos, você pode perder seu depósito (parcialmente).

3 pilares

1. Manter sempre uma reserva de dinheiro para emergências

2. Investir em fundos de índice com diferimento de impostos

3. investir a partir de agora em alguns fundos de índice diferentes e em uma

escada de depósito através de vários

fornecedores

Conclusão

Ao começar a investir, é importante que você compreenda o que está fazendo. Se você não entende um investimento, é melhor ignorá-lo.

Talvez os cargos citados possam lhe dar início na construção de conhecimentos básicos sobre investimento em ações e títulos. Uma atividade muito provavelmente lucrativa se você a usar sabiamente!

Jargão

Os termos "dólar-custo médio" (DCA) e "investimento em montante fixo" (LSI): DCA significa que você coloca sua soma de dinheiro em partes iguais, distribuídas ao longo do tempo. LSI significa que você coloca sua soma de dinheiro de uma só vez.

FAQ

Qual é a melhor maneira de começar a investir?

Investir em bons e amplamente diversificados fundos de índice ou ETFs é geralmente a melhor maneira.

Investir é arriscado?

A curto prazo, há uma alta probabilidade de flutuações substanciais de preços. A longo prazo, a chance de retornos positivos com investimentos tem sido historicamente muito alta. Muito maior do que com a poupança.

Que categorias de ETFs sustentáveis existem?

Dentro das ETFs sustentáveis, você tem diferentes categorias. Você tem os chamados fundos ESG, os fundos SRI e os investimentos de impacto.

Quais são as melhores ETFs sustentáveis?

Isto varia de acordo com a categoria de sustentabilidade.